INVENTAIRE
G 5,966

COURS D'ÉTUDES ÉLÉMENTAIRES
PAR L'ABBÉ GAULTIER.

petit atlas
DE
GÉOGRAPHIE
contenant huit cartes coloriées. — Prix : 4 fr.

PETIT ATLAS de GÉOGRAPHIE

Contenant 8 Cartes coloriées.

SAVOIR

Les deux Pôles.   Asie.
Mappemonde   Afrique
Europe   Amérique.
Europe Centrale (France)   Océanie.

pour servir aux

Élémens de Géographie de l'abbé Gaultier,

revus, corrigés et augmentés

par M. Blignières, Domeyrencourt, Ducros (Adolphe) et LeClerc ainé, ses élèves.

GRAVÉ PAR ADOLPHE JENOTTE.

Paris
JULES RENOUARD & Cie LIBRAIRES
Éditeurs Propriétaires des ouvrages de l'abbé Gaultier.

Rue de Tournon, 6.
1844

LES DEUX PÔLES.

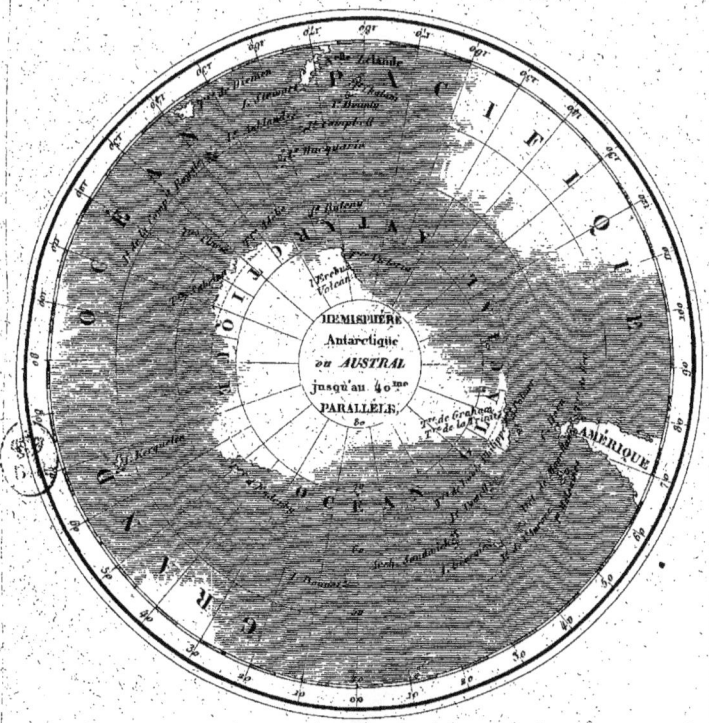

MONDE

LEÇONS DE GÉOGRAPHIE
de
GAULTIER

à PARIS

OUARD & Cie

Gaultier.

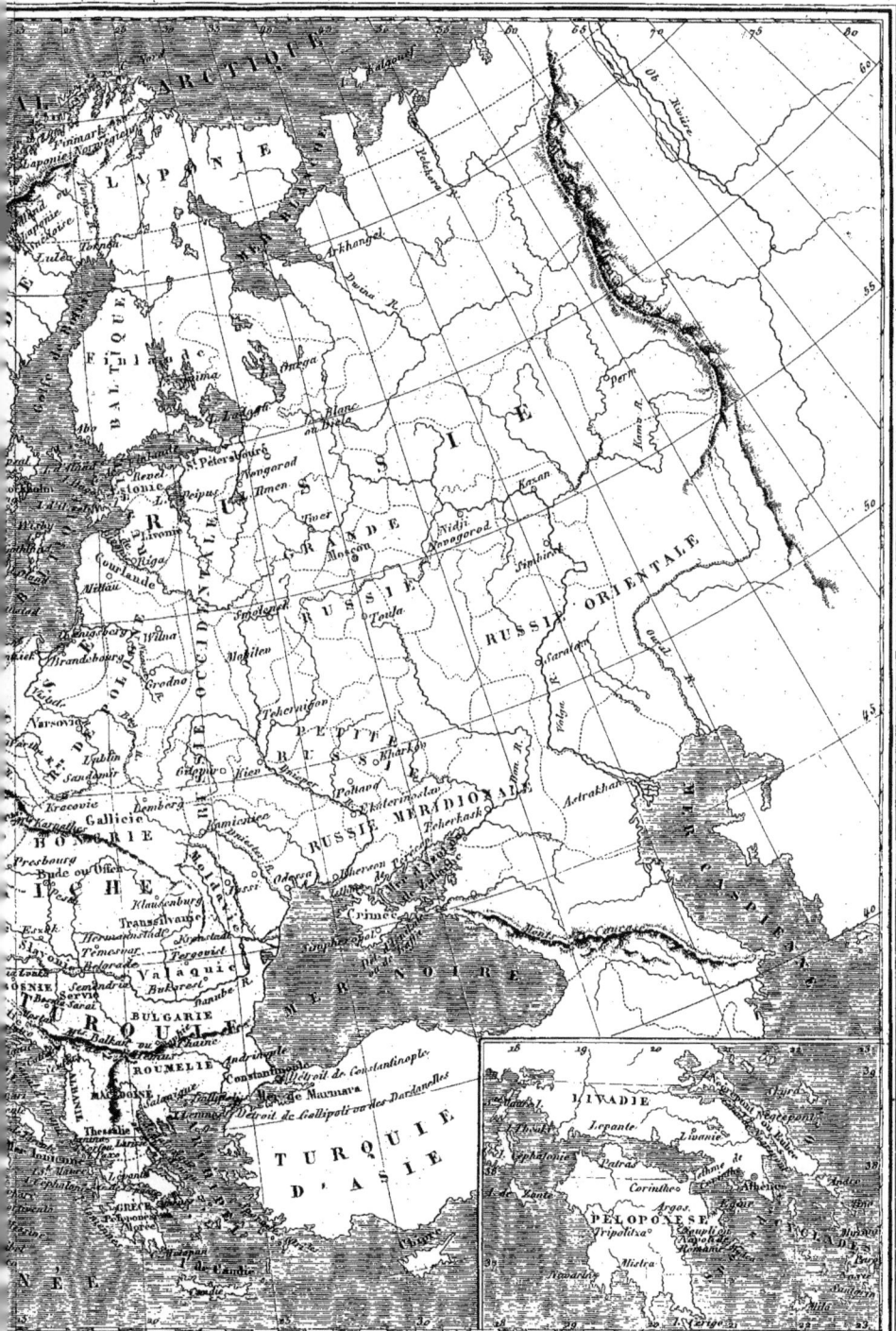

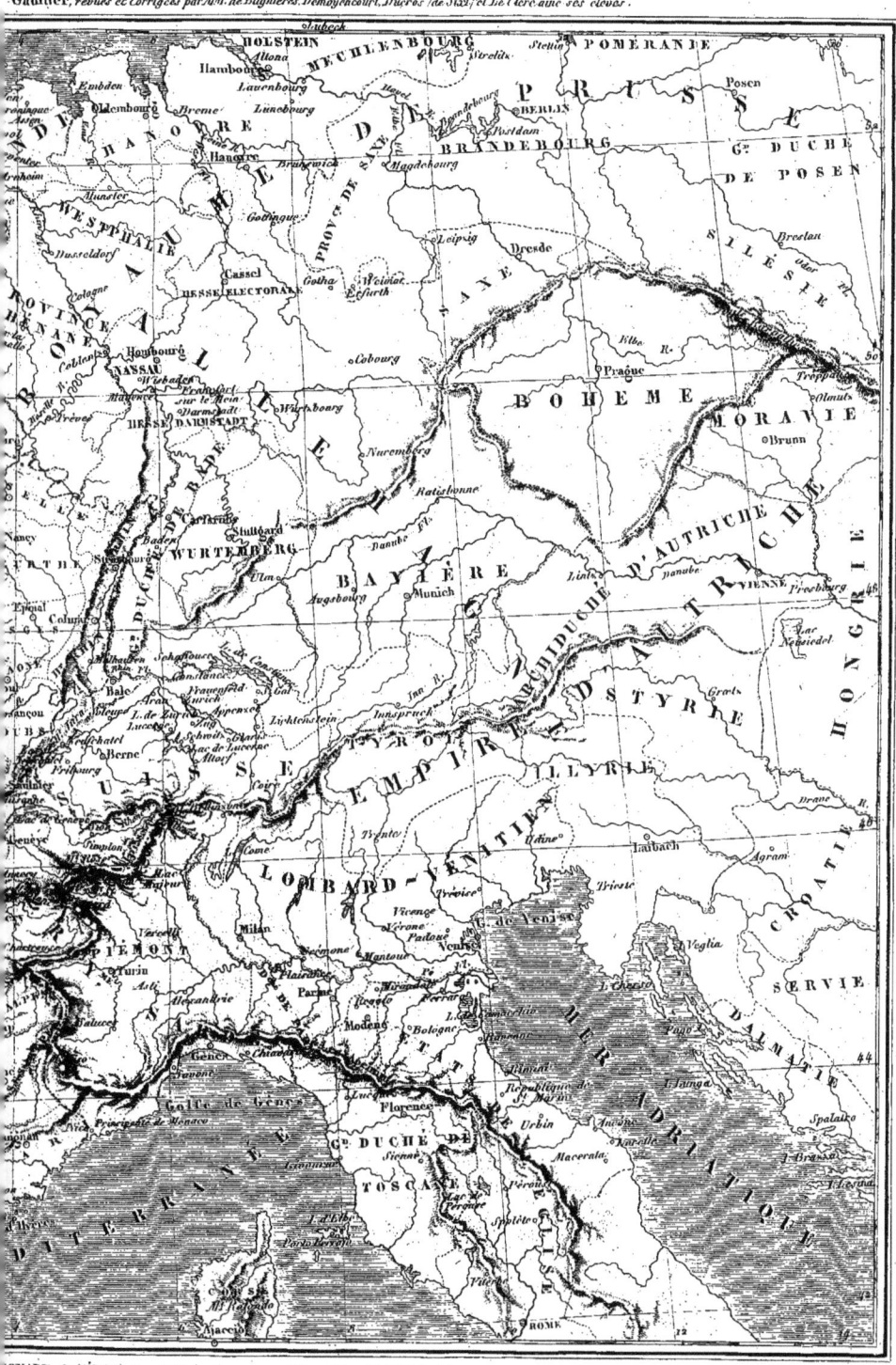

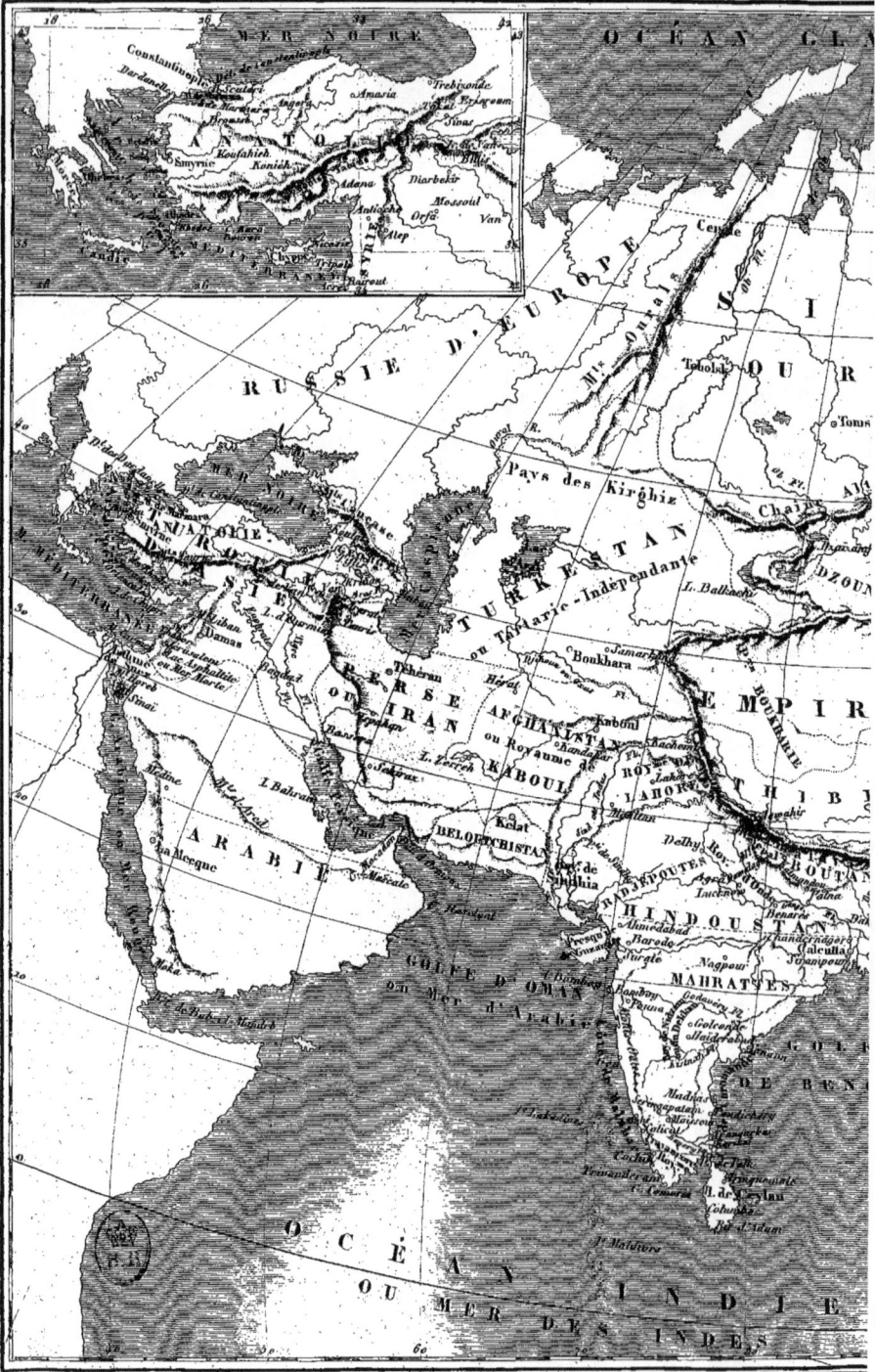

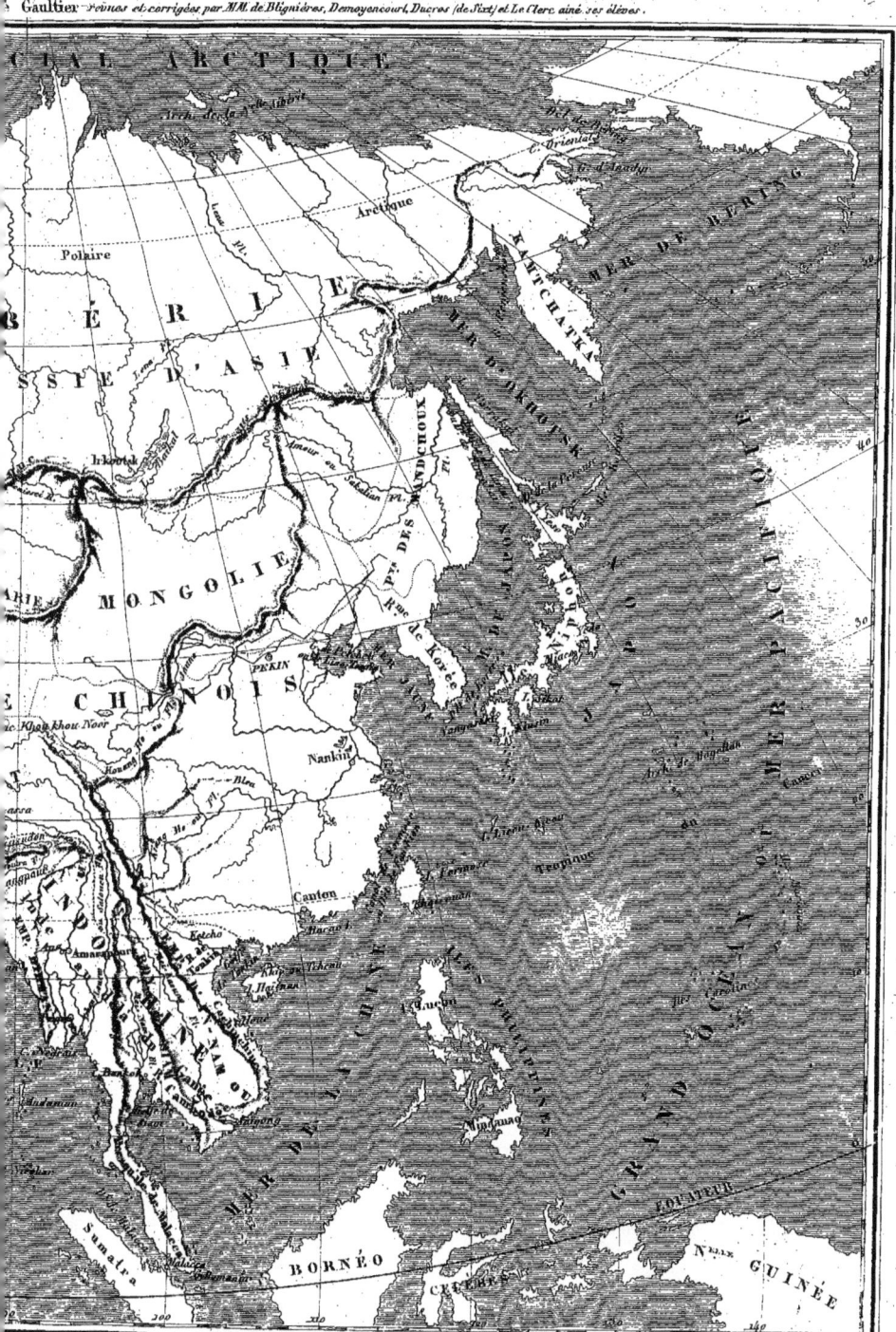

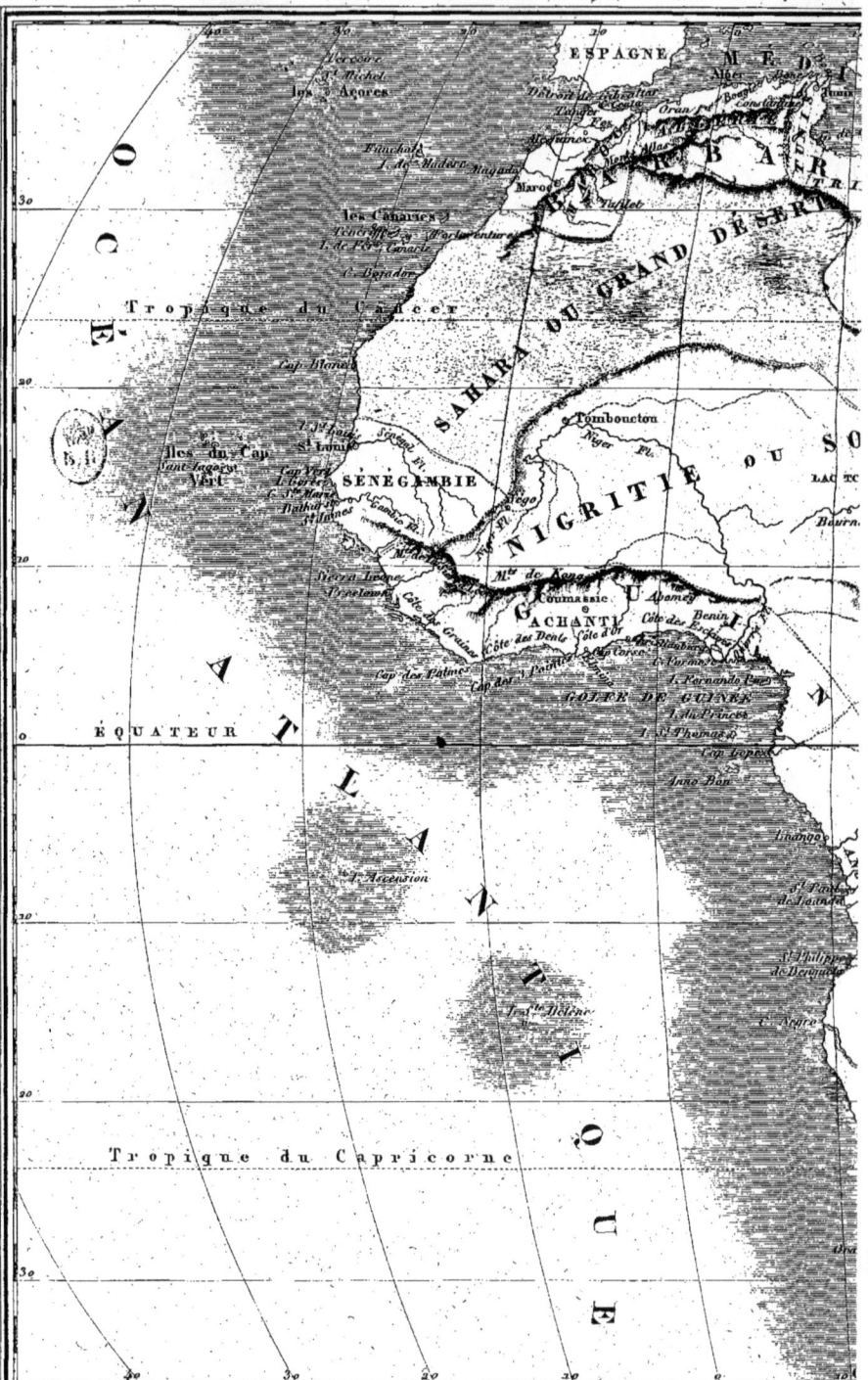

AMÉRIQUE

Pour servir aux élémens de Géographie extraits des Leçons de l'Abbé Gaultier, revues et Corrigées par MM. Bigniéres, Damazemont, Duvras, La Sicl, Le Clerc aisné, ou cinco.

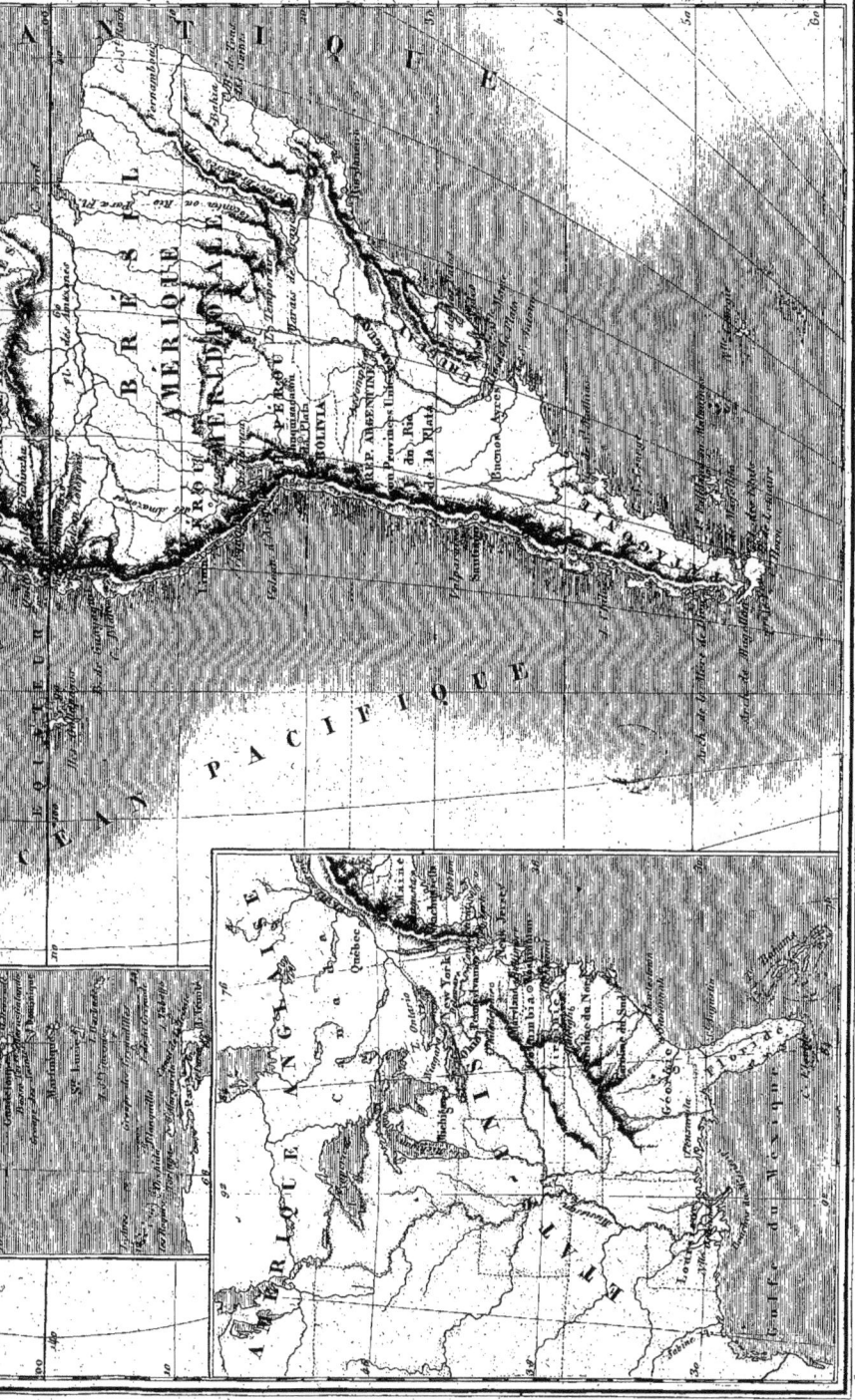

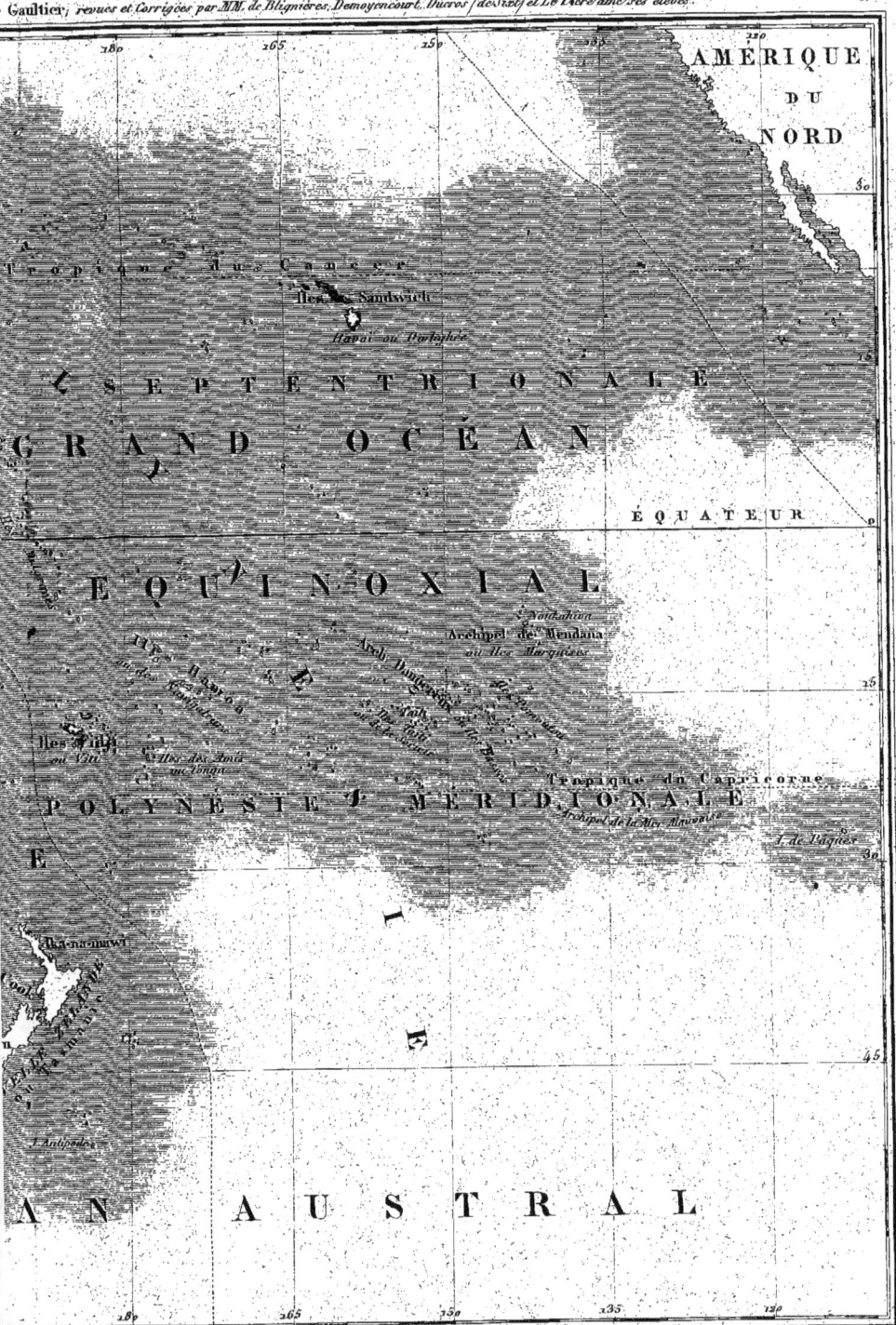

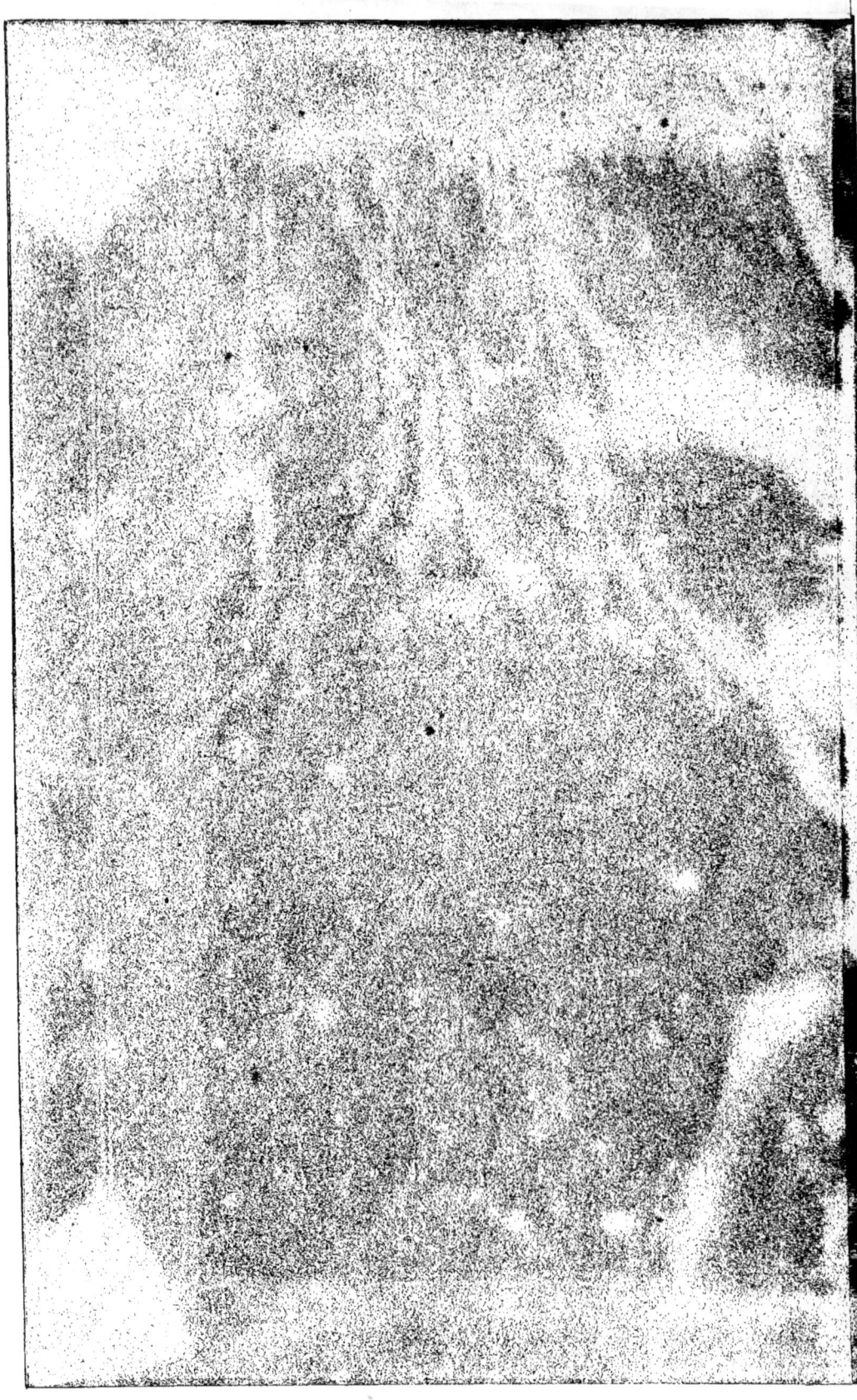

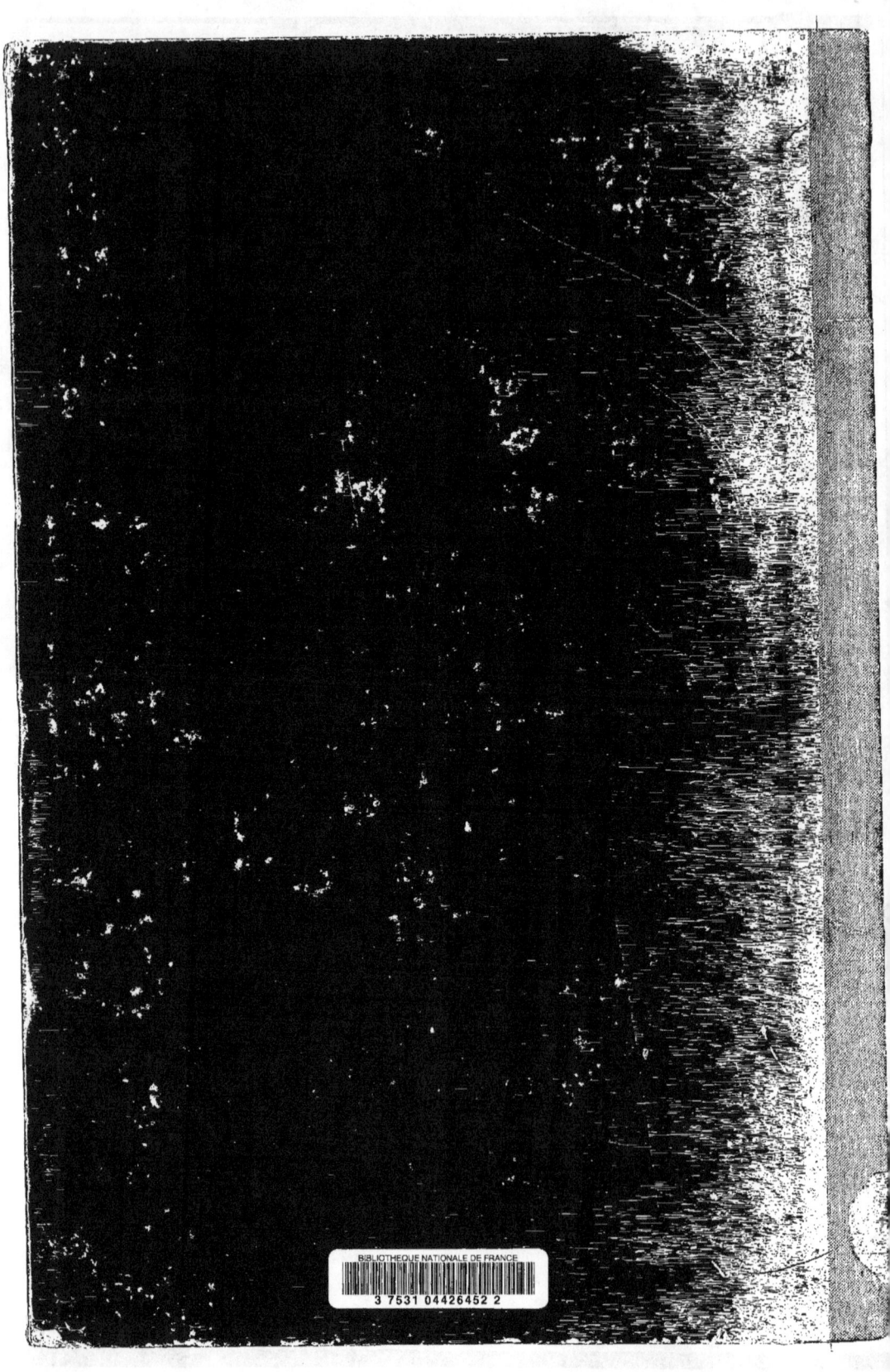

www.ingramcontent.com/pod-product-compliance
Lightning Source LLC
Chambersburg PA
CBHW060902050426
42453CB00010B/1544